VENISE ET LA FRANCE

PARIS. — IMP. SIMON RAÇON ET COMP., RUE D'ERFURTH, 1.

VENISE

ET

LA FRANCE

PAR

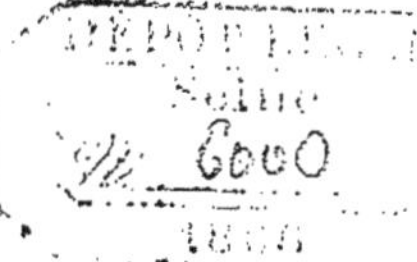

LÉOPOLD DE GAILLARD

Extrait du CORRESPONDANT

PARIS

LIBRAIRIE DE CHARLES DOUNIOL, ÉDITEUR

29, RUE DE TOURNON, 29

1866

VENISE ET LA FRANCE

Dans ce pêle-mêle d'événements, la plupart funestes, quelques-uns favorables, tous inouïs, qui forment l'histoire de la guerre actuelle, il nous plaît d'en relever un au passage pour saluer en lui le trop rare triomphe d'une idée juste et d'une cause française : nous voulons parler de la libération de Venise.

Quoi qu'il advienne en effet, cette libération est certaine. L'Autriche a publiquement reconnu que la possession de Venise ne lui était pas indispensable, et, d'avance, elle en a fait le gage, l'indemnité de ce qui ne lui sera pas pris en Allemagne.

Venise est donc ou va redevenir italienne, et l'heure de son indépendance nationale vient enfin de sonner.

Cette heure tardive, voilà longtemps que nous l'attendions, que nous l'espérions, que nous la demandions aux péripéties variées dont la malheureuse Italie ne cesse d'être le théâtre.

Il s'en faut, assurément, qu'elle soit venue au moment et par le moyen que nous aurions choisis. Sans confondre aucune des causes que nous aimons avec la cause de l'Autriche, nous sommes de ceux qui ont amèrement senti que la victoire de la Prusse a été remportée contre le sens moral de l'Europe. L'iniquité de son agression, qui est évidente, même pour les journaux condamnés à l'applaudir, n'a d'égale que l'arrogance de son triomphe. Nos vœux étaient donc pour l'Autriche, et lui restent fidèles après sa défaite. Mais combien nos sympathies se seraient trouvées plus à l'aise si le gouvernement de Vienne avait voulu comprendre tout de suite qu'ayant à lutter en Allemagne pour sa propre existence, il n'avait à défendre en Italie qu'un intérêt de conquête! Son choix aussitôt fait, quel rôle plus politique pour François-Joseph que de profiter du congrès pour rompre l'alliance encore niée, mais déjà conclue entre Frédéric-Guillaume et Victor-Emmanuel! Quel langage plus digne et plus habile que de dire aux représentants de l'Europe : « Je possède la Vénétie par le droit des traités, qui est notre droit à tous, le droit positif des peuples civilisés; Campo-Formio me l'a donnée, Presbourg me l'a reprise, 1815 me l'a rendue, Villafranca et Zurich l'ont confirmée dans mes mains; ce n'est pas ma faute, vous le savez tous, si le royaume d'Italie, voulu par M. de Cavour, a remplacé la confédération italienne, voulue et réglée par l'empereur des Français et par moi. Vous devez donc tous m'approuver, et peut-être l'un d'entre vous, au moins, devrait-il me porter secours, lorsque je m'apprête à défendre par les armes un droit que vous avez tous contribué à créer. Seulement, de même que vous reconnaissez tous ici ma légitime possession en Vénétie, je reconnais, avec chacun de vous, que la domination allemande n'a jamais été librement acceptée par les Vénitiens. Leur nationalité a résisté aux lois de la conquête. J'ai échoué à Venise, je l'avoue, comme le roi de Piémont devrait avouer qu'il a échoué à Naples et en Sicile! La force ne saurait plus être pour personne un titre suffisant et légitime de gouvernement. Pour la justice, pour la paix, et aussi pour l'exemple, je cède donc au congrès tous mes droits sur Venise et les États vénitiens. Vous en ferez, nous en ferons ensemble l'usage le meilleur pour la tranquillité de l'Europe et la pacification de l'Italie. Personne, excepté peut-être les Italiens, ne voudra croire que l'Autriche recule devant les manifestations armées du cabinet de Florence. Personne, non plus, ne songera que cette cession doive être faite sans une équitable compensation territoriale. A vous, messieurs, de la chercher! Pour moi, j'ai fait ce que j'ai cru être mon devoir, et je n'ai plus qu'à attendre vos propositions. »

Voit-on d'ici l'effet de cette détermination, non moins inattendue, mais plus efficace que la dépêche télégraphique du 5 juillet! L'Angleterre et même la Russie applaudissant, la France ne pouvant que se joindre à elles, l'Italie désarmée, la Prusse mystifiée, l'opinion publique acclamant, d'un bout de l'Europe à l'autre, la générosité de François-Joseph! A qui eût profité cette situation, à la fois si droite et si nouvelle? Je ne sais, mais il est dans la logique des idées et dans la pratique des choses que toute situation profite d'abord à celui qui l'a créée. Borné à la seule question allemande, le congrès se fût trouvé unanime pour donner raison à la diète et au cabinet de Vienne, contre l'ambition de la Prusse et l'effronterie de M. de Bismark. Dans tous les cas, qui oserait dire qu'en suivant notre conseil donné depuis deux mois, la position de l'Autriche risquerait d'être pire que celle où nous la voyons?...

Mais, me dit-on, vous accorderiez donc ville gagnée à la révolution sans même lui laisser la peine d'en faire le siége? — Tout au contraire, la révolution n'aurait eu ni la ville ni le siége, qu'heureux ou malheureux elle a l'habitude de compter aussi pour un profit, car c'était le moyen de lui casser les deux ailes avant son premier essor! Et remarquez que l'empereur François-Joseph vient de nous prouver qu'il était pour la cession avant la guerre et que le parti militaire l'a seul empêché de venir le dire au congrès. Vaincu en Bohême avec le droit des gens, victorieux à Custozza avec le droit des traités, il n'a pas hésité à se désister en Italie pour ne plus viser qu'à se maintenir en Allemagne.

Puis ne serait-il pas temps de ne plus se payer de grands mots mal définis, soit pour favoriser ses amis, soit pour nuire à ses adversaires? Chose étrange, que trois quarts de siècle après 89 nous en soyons encore à ne pas nous entendre sur l'exacte application du mot révolution! Si la révolution s'appelait tout brutalement la démolition, croyez-vous qu'elle compterait de si nombreux partisans? Non, le commun des hommes n'est ni si fou ni si dépravé. Il y a donc presque toujours autre chose qui se cache sous ces syllabes fatidiques. Qu'est-ce donc? Ici un peuple à délivrer du joug étranger, là une société qui s'effondre à reprendre par la base, un passé onéreux à liquider, des iniquités séculaires à réparer, des réformes politiques à conquérir, un gouvernement qui se fourvoie à remettre dans la voie de la liberté. Sauf quelques créatures basses et déchues qui ont besoin de haïr pour se sentir des hommes, la masse du parti dont se sert la révolution marche les yeux fixés sur quelque but généreux. Bien que Cialdini soit à Vicence et Garibaldi en Tyrol, la cause de Venise n'est pas plus révolutionnaire que la cause de la Pologne, pas plus révolutionnaire que la cause des réformes sociales en Russie ou ailleurs, pas plus révolutionnaire que la cause des libertés politiques en France ou en Prusse. Cependant, ajoutez-vous, le parti de la démolition a très-ostensiblement sa main dans toutes ces causes! — C'est donc, vous répondrais-je, que le parti de la conservation n'y montre pas assez la sienne! En ce cas, à qui s'en prendre et qui vous est-il permis d'accuser? Si vous laissez la révolution confondre partout son nom avec les noms sacrés de la justice et du progrès, que vous restera-t-il à représenter et à défendre?

Dans la question de Venise, il nous est d'ailleurs agréable de rappeler que nous ne parlons nous-mêmes ni les premiers ni pour la première fois. Nous ne savons pas un seul journal conservateur qui n'ait à son jour reconnu le droit des Vénitiens à l'indépendance et souhaité leur libération. Dans sa première lettre à M. de Cavour, une des rares pages de la polémique contemporaine écrite pour l'histoire, M. de Montalembert disait avec le sentiment unanime cette fois de tous les catholiques et de tous les libéraux : « La délivrance de Venise est juste... »

En rappelant sommairement entre quelles extrémités Venise a été ballottée depuis la chute de sa république et quelle part nous revient dans ses longs malheurs, essayons de préciser par quels titres elle a mérité d'être avant tout la cliente de la France.

II

La Vénétie, française depuis le 5 juillet par la cession de l'empereur
François Joseph et l'acceptation de l'empereur Napoléon III et que nous
semblons prêter en ce moment pour champ de parade aux généraux de
Victor-Emmanuel, la Vénétie avait une autre fois déjà appartenu à la
France. C'est le dernier chapitre, et le seul à regretter de l'histoire de
cette campagne d'Italie de la fin du dernier siècle qui devait donner un
maître à la révolution. J'ai essayé de l'écrire, il y a six ans, d'après
les auteurs italiens encore peu consultés chez nous à cette époque [1].
A les en croire, la vieille république de Saint-Marc n'était point, en
1797, aussi à bout de ressources qu'il a plu à son glorieux diffama-
teur de l'affirmer et aux écrivains français de le répéter. Quinze mil-
lions de sujets, vingt cités populeuses et riches sur le continent italien ; dans les îles et dans l'Albanie des populations aguerries par
le voisinage des Turcs ; dans le Frioul et la Carniole, dans les riches
vallées de la Brenta, de l'Oglio, du Serio, dans les plaines inépui-
sables de la Polésine, du Trévisan, du Véronais, dans les mon-
tagnes de Padoue et de Bellune, une jeunesse ardente à l'appel de
la patrie en danger ; plus de 5,000 bouches à feu dans l'arsenal de
Venise et autant en mer ou dans les places de terre ferme ; 185 bâti-
ments tenant la mer, dont 22 navires de 55 à 70 canons, 15 fré-

___

[1] QUESTIONS ITALIENNES. — *L'Italie sans les Autrichiens*, 1 vol., 1860.

gates de 32 à 44, 23 galères, 30 obusiers, etc. ; dans le trésor public
une accumulation d'antiques épargnes, et dans l'esprit public, vrai
trésor des peuples, le souvenir des anciennes gloires ravivé par les
récentes victoires du généralissime Emo ; tel était, d'après les histo-
riens locaux, le bilan du plus considérable des États d'Italie au moment où il fut déclaré en banqueroute par le jeune vainqueur de
l'Autriche [1]. J'ajoute que la construction toute récente alors des *Mu-
razzi*, colossale digue de marbre qui de Malamocco à Chioggia ferme
à la mer l'entrée des lagunes, est faite pour relever l'idée de la
grandeur de Venise et justifier cette noble inscription qu'on peut
lire encore au-dessus des flots de l'Adriatique : *Ausu Romano, ære
Veneto !*

Au lieu de servir à sauvegarder l'indépendance de la Vénétie, tant
de ressources aux mains d'un gouvernement inerte ne devaient profiter qu'aux deux puissances qui se préparaient à faire la paix à ses
dépens. La décadence que Bonaparte avait intérêt à trouver partout
à Venise, avait trop visiblement atteint la classe dominante. Quel
navrant abaissement que celui de ces nobles du grand conseil qu'on vit
accepter de l'Autriche, peu de jours après sa prise de possession de
la ville des doges, un secours de bureau de bienfaisance, une livre
par jour [2] !

<hr>

[1] Cantù, *Storia degli Italiani*, vol. IV.— Rapport de Baraguay d'Hilliers à Bonaparte. — Tonelli, *Lezione intorno alla marina*, Venezia, 1829.

[2] Nous trouvons ce fait dans l'intéressante *Histoire de la république de Venise
sous Manin*, par M. Anatole de la Forge, ouvrage écrit avec les papiers et les conseils
de l'illustre proscrit. Comme tous ceux qui connaissent à fond l'Italie et les Italiens, M. Anatole de la Forge se prononce avec force contre l'unité de la Péninsule:
« Le tort de l'école de Mazzini, dit-il, c'est son point de départ qui s'appuie sur une
idée grande, mais fausse, et à jamais impraticable, l'unité absolue de l'Italie : cette
idée, qui n'est qu'un rêve, a été érigée en dogme et a perdu tout simplement le
parti démocratique en 1849. L'histoire des événements de la Péninsule, celle de
son génie, de sa vie sociale, économique et politique, n'est qu'une longue et énergique protestation contre cette orgueilleuse et folle prétention de vouloir tout sou-

D'autre part, si la conduite du sénat vénitien, depuis le jour où nos troupes poursuivirent les Autrichiens réfugiés sur son territoire, fut marquée au coin de la plus détestable perfidie, il faut reconnaître que la conduite du général Bonaparte à son égard ne fut ni plus franche ni plus généreuse. Du moment que le gouvernement des oligarques avait payé de sa retraite les massacres de Vérone, et qu'une république démocratique, bâtie sur le modèle et par ordre de la nôtre, l'avait remplacée, que nous restait-il à faire dans les lagunes, sinon à prêter aide et protection à cette nouvelle sœur de la Cisalpine. Comment les Vénitiens ne l'auraient-ils pas cru, quand ils voyaient leur ambassadeur reçu et fêté par le Directoire, et le vrai maître de la situation leur écrire de Milan en leur demandant de constituer un comité de salut public : « Je ferai tout ce qui sera en mon pouvoir pour vous donner des preuves du désir que j'ai de voir se consolider votre liberté, et la misérable Italie se placer enfin avec gloire, libre et indépendante des étrangers, sur la scène du monde... » Pouvaient-ils se douter que le même jour, 7 prairial an VI, la même plume écrivait à Paris : « Venise peut difficilement survivre au coup que nous venons de lui porter; population inerte, lâche et nulle-ment faite pour la liberté. Sans terres, sans eaux, il paraît naturel qu'elle soit laissée à ceux à qui nous laisserons le continent. Nous prendrons les vaisseaux, nous dépouillerons l'arsenal, nous enlève-rons tous les canons, nous détruirons la banque et nous garderons Corfou et Ancône. »

Pendant que tout se préparait en secret pour l'exécution de ce dernier plan, le parti français célébrait dans Venise les joies de son avénement et les promesses de celui que toute l'Italie appelait : *il Liberatore*. Des fêtes civiques, à la mode de Paris, furent or-ganisées par nos agents. Le lion ailé de la *Piazzetta* fut coiffé du bon-

mettre à une unité vingt fois essayée et toujours inutilement par des gouverne-ments républicains, par des monarchies, par des papes réformateurs. » (Vol. I, p. 55 et suiv.)

net rouge, et vit remplacer sous sa griffe l'évangile selon saint Marc
par la déclaration des droits de l'homme. Le Livre d'or fut brûlé
comme hérétique ; les attributs et les trophées de l'ancien gouvernement traînés par les rues ; l'aristocratie et le clergé vilipendés sur
les théâtres. Bonaparte, officiellement invité à ces saturnales, resta
soigneusement à Milan ; mais il envoya à sa place Joséphine. Celle-
ci put se croire encore aux fêtes du Directoire en voyant venir à sa
rencontre, sous les Procuraties, devenues comme le Palais-Royal les
galeries de l'Égalité, les filles dégénérées du Bordone et de Véronèse,
portant, comme les Parisiennes, le pourpoint à *l'humanité*, le cha-
peau *paméla* et les cheveux raccourcis *à la guillotine*.

Quand il fallut divulguer aux Vénitiens le fatal secret de Campo-
Formio, il se trouva que l'agent Villetard, chargé de cette triste
mission, épouvanté de la perfidie dont on l'avait rendu complice et
voyant les larmes de ceux qu'il avait innocemment trompés, ne put
se contraindre et pleura avec eux. Impuissante mais précieuse protestation de l'honneur français contre les duplicités de la diplomatie !
Si l'histoire était une science morale, cette larme d'un honnête
homme brillerait plus qu'une victoire dans le récit de la campagne
d'Italie. Les membres de la municipalité créée par la France ayant
refusé avec indignation l'offre qu'on osa leur faire d'accepter leur
part des dépouilles de leur ville, Bonaparte irrité s'oublia jusqu'à
leur écrire : qu'après tout la République française ne donnait pas Venise à l'Autriche, mais qu'elle se contentait de l'évacuer : *si les Véni-*
tiens, ajoutait-il, *ne sont pas des lâches, s'ils sont dignes de la liberté,*
l'occasion est venue de le prouver : qu'ils se défendent[1] ! Raillerie
cruelle à supporter, après les désarmements qui s'étaient succédés
pendant l'occupation française, et lorsque pas un canon ne restait
dans l'arsenal ! Aussi le Véronais de Angeli s'écria-t-il exaspéré :
« Traître, rends-nous les armes que tu nous as ravies ! »

Une dernière manifestation eut lieu : le peuple assemblé dans ses
églises fut appelé à déclarer une fois encore sa volonté souveraine.

---

[1] Lettre à la municipalité de Venise, du 5 brumaire.

Sur 23,000 votants, disions-nous dans les *Questions italiennes*, 10,000 opinèrent de plier sous les événements, 13,000 prirent parti pour la constitution démocratique. On se donna la triste satisfaction d'envoyer au Directoire et au général Bonaparte ce plébiscite qui les mettait en contradiction, l'un avec ses principes, l'autre avec ses promesses. Vengeance suprême d'un peuple qui ne sut que bien mourir ! Puis, pendant que les Français s'en allaient brûlant le buccentaure, emportant les lions de l'arsenal, les quatre chevaux d'Arménie qui ont figuré jusqu'en 1815 sur l'arc de triomphe des Tuileries, les dix portes de bronze de Saint-Marc et toutes sortes d'objets d'art et de guerre, les Vénitiens virent arriver les colonnes autrichiennes. Ceux-là du moins, dit un historien italien, n'avaient pas parlé des droits du peuple et promis la liberté !

Voilà, en quelques traits rapides, quelles furent la fin de la république et l'origine de la domination autrichienne dans la ville des doges. Pour signer le traité de Campo-Formio, Bonaparte eut d'abord à ne tenir aucun compte des ordres formels et réitérés du Directoire, qui ne voulait à aucun prix céder la Vénétie ; il dut ensuite tromper outrageusement une population qui s'était fiée à sa parole. Ni l'une ni l'autre de ces deux extrémités ne lui parut trop osée ou trop onéreuse. En nous donnant la paix et la frontière du Rhin après une guerre qui durait déjà depuis six ans, le futur César savait qu'il se créait un titre plus irrésistible que la gloire, et qui, en dépit de quelques criailleries des Italiens, comme s'exprimait Talleyrand, lui serait éternellement compté. En donnant cette paix malgré le Directoire, il remportait une première victoire d'opinion sur un pouvoir justement décrié qu'il s'agissait de conduire du 18 fructidor au 18 brumaire.

Quels qu'aient été les motifs du négociateur de Campo-Formio, je demande s'il est permis de trouver étonnant qu'il y ait eu depuis ce temps, dans la conscience de notre pays, une protestation toujours prête et comme un cri de l'honneur national en faveur de la libération de Venise ?

III

Ce n'est pas non plus pour la première fois que Venise va se voir affranchie de la conquête allemande. En 1806 et en 1848 elle a pu croire aussi à son indépendance. Non que Presbourg ait eu la prétention de réparer Campo-Formio, ni l'empereur Napoléon d'effacer la faute du général Bonaparte. C'est, à mon sens, la plus accablante condamnation du gouvernement personnel que de mettre un homme, si grand soit-il, dans cette inique et immorale position de ne pouvoir se laisser dire, ni par lui ni par personne : Tu as eu tort! On trouve donc dans le *Mémorial de Sainte-Hélène* une apologie en règle de cette triste politique qui, après avoir proclamé en 1796 l'indépendance des Italiens pour les besoins de la guerre, les remit sous le joug en 1797 pour les besoins de la paix[1].

Après Austerlitz, il entra dans les vues de celui que ses soldats saluaient déjà du titre d'empereur d'Occident, de ne pas laisser plus longtemps l'Autriche si voisine de Milan, sa vieille conquête, et Venise fut annexée aux États d'Eugène Beauharnais. Pour la consoler de n'être plus capitale, on créa pour elle le titre de seconde ville du royaume d'Italie. Bien plus, Napoléon voulut la visiter et lui rendre pour quelques jours la splendeur de ses anciennes fêtes. La gondole impériale, magnifiquement tendue de riches étoffes dont les bouts traînaient

[1] Voir dans le *Journal des Débats*, du 15 juillet, la causerie de quinzaine d'Horace de Lagardie, et la belle page extraite de l'*Histoire de Napoléon I*^{er}, par M. Lanfrey.

dans les flots, promena sur le grand canal le successeur de Charle-
magne, entouré d'une brillante escorte de rois, de princes, de généraux, de courtisans. C'étaient le roi et la reine de Bavière, qui ve-
naient de recevoir le Tyrol pris à l'Autriche et de donner leur fille au
prince Eugène; le vice-roi et la vice-reine d'Italie; Élisa, princesse
de Lucques; Joseph, roi de Naples; Murat, grand-duc de Berg; Ber-
thier, prince de Neuchâtel, et une foule de généraux de l'ancienne
armée d'Italie. Du palais des doges, Napoléon décréta l'achèvement
de la place Saint-Marc et le recreusement des canaux engorgés.

A Venise comme à Milan, les travaux publics furent la meilleure
page du règne d'Eugène. La justice, l'instruction publique, le régime des prisons, la salubrité des villes, reçurent aussi d'utiles réformes. A la domination de la France, l'Italie gagna tout au moins
quelques années d'administration correcte et vigilante. Mais, ce
sérieux profit mis à part, l'État lombardo-vénitien ne put longtemps
se dissimuler qu'il était bien plutôt la ferme que l'allié du grand
empire. Tandis qu'il était tenu de recevoir en franchise tous nos pro-
duits manufacturés, les siens n'avaient pas même le droit d'aller
nous faire concurrence sur les marchés de la Toscane ou du Piémont. Rien à tenter du côté de la mer. On devine que le blocus con-
tinental sévissait, plus monstrueux qu'ailleurs, dans un pays qui n'a
pas moins de six cents lieues de côtes. Tout commerce se réduisit
bientôt au trafic local, et Venise perdit jusqu'à son débit de verrote-
ries. Quant à la vie politique, il n'y fallait pas plus songer de ce côté
des Alpes que de l'autre; tout venait du gouvernement, c'est-à-dire
de Paris, et tout s'y rapportait. « Si Milan est en feu, écrivait l'empereur à son fils Eugène, il faut laisser brûler Milan et attendre mes
ordres ! »

A qui remettre le Lombard-vénitien en 1815, sinon à la puissance
qui pouvait réclamer le Milanais au nom de Marie-Thérèse et la Vénétie au nom d'un traité signé avec la République française elle-même?
Du moment que la reine de l'Adriatique avait cessé de compter parmi
les États indépendants, elle n'avait plus d'autre destinée que de devenir un appoint de la victoire. Aussi n'essaya-t-elle même pas,

comme Gênes, de se faire représenter au congrès de Vienne. Il est triste d'ailleurs de trouver dans les écrits du temps la preuve que les Autrichiens furent reçus alors en Italie, comme nous y avions été reçus nous-mêmes moins de vingt ans avant, en libérateurs.

Il est vrai que l'illusion fut de courte durée. Aux promesses des premiers jours succéda bientôt un système de réaction à outrance contre toute œuvre et toute idée laissée par la France. Au lieu d'avoir, comme nous, une restauration libérale, la malheureuse Italie connut toutes les rigueurs et toutes les absurdités d'une restauration d'ancien régime. Turin ne se laissa pas devancer par Naples dans cette marche en arrière. La Toscane seule dut au souvenir de Léopold de jouir d'un ordre légal.

Rien au monde ne nous fera jamais, je ne dis pas regretter, mais excuser ce régime d'étouffement et d'avanies, ce gouvernement par les sbires, qui reçut alors dans toute l'Europe le nom du ministre si longtemps et si fatalement tout-puissant à Vienne. C'est à cette période funeste qu'il faut attribuer et l'impopularité des princes, alors chéris de leurs peuples, et la destruction des petits États, et le danger de Rome, et le fanatisme anti-italien de l'unité.

En s'attribuant, il y a cinquante ans, de grandes possessions et une plus grande influence dans la péninsule, le gouvernement autrichien avait cru sans doute prendre la bonne part ; il ne fit, on le voit trop aujourd'hui, qu'introduire le cheval de Troie dans l'Empire.

> . . . . . Scandit fatalis machina muros,
> Fœta armis.

A la dure nécessité qui pesait sur lui de s'imposer par la force aux Italiens, il laissa croire qu'il avait accepté d'être le gendarme des traités de 1815 et vit se retourner contre lui des ressentiments patriotiques dont, en bonne justice, la Prusse et l'Angleterre auraient dû avant elle recevoir le contre-coup. On se rappelle la merveilleuse explosion des cœurs aux premiers grands jours de Pie IX et la terrible explosion des événements après le 24 février. Tout l'effort de la révolution se tourna subitement contre l'Autriche, comme s'il se fût agi de la seule puissance conservatrice qui fût en Europe, et de ce jour elle dut prévoir que la France, sa vieille rivale, et la Prusse, sa jeune ennemie, finiraient par se laisser entraîner dans le camp des révoltés.

Des épisodes si variés de la guerre des nationalités qui s'ouvrit alors, aucun n'a laissé dans la mémoire des peuples une impression plus sympathique que l'héroïque tentative de Venise pour relever le drapeau de Saint-Marc. Du 22 mars 1848, date de la proclamation de sa république, au 24 août 1849, date de la rentrée des Autrichiens, toute son histoire a tenu dans les deux syllabes du nom de Manin. Rien que pour avoir donné le jour à un tel homme, elle était digne de connaître l'ivresse du combat pour l'indépendance et la mâle joie de n'appartenir qu'à soi-même. C'est lui qui ose seul, et le premier, opposer un texte de loi aux habitudes d'arbitraire du gouvernement, lui qui parvient à rallier vers un but déterminé les forces endormies ou dispersées de l'esprit public, lui qui retrouve le vieux cri de : *Vive Saint-Marc !* lui qui rétablit la république, lui qui force l'étranger à se retirer devant l'unanimité du sentiment populaire, lui qui réorganise tous les services publics, lui qui arme, défend, inspire, relève, console, gouverne ses concitoyens dans les plus tragiques épreuves, lui enfin qui, n'ayant pu mourir d'un boulet sur un pont de Venise, est venu mourir de l'exil à Paris, professeur d'italien dans un pensionnat. Quand on voudra chercher dans notre époque, qui produit tant de grands faits sans produire de grands hommes, le type du patriote irréprochable, de l'homme public noblement esclave de sa conscience et de la loi, on pourra citer au moins le dictateur de Venise, Daniel Manin. Il ne conspire pas, il ne s'affilie, — exemple unique en Italie ! — à aucune société secrète. Il n'a qu'une ambition, inoffensive en apparence, révéler, prouver, imposer l'existence de la loi, tant au peuple qui doit en profiter, qu'au gouvernement qui doit voir son omnipotence entamée : il poursuit, en un mot, contre la domination étrangère une guerre d'avocat, mais d'avocat qui, pour engager le débat, préfère la procédure à l'éloquence. Nul ne peut se vanter d'avoir fait plus avec moins, car il a fait sortir la liberté de sa patrie des

institutions crées pour l'opprimer. On avait, en 1815, signé une constitution quelconque pour le royaume lombard-vénitien. Cela suffit
à l'ardent praticien! Qui dit constitution dit garanties, et il trouve en
effet des garanties dans l'acte impérial. Cette découverte émerveille
la population, manque de donner du cœur à la congrégation provin-
ciale et décide le gouverneur embarrassé à jeter en prison l'importun
pétitionnaire. Mais le peuple avait compris, et dès la première nouvelle du 24 février, il fallut non-seulement relâcher Manin et le poëte
Tommaseo, mais se confier à lui, à ses amis, à la garde civique pour
le maintien de l'ordre et pour la prompte évacuation des forts par la
garnison allemande[1].

En proclamant la république, c'était encore de la légalité qu'il pré-
tendait faire, car la république était l'état légitime de Venise au mo-

---

[1] On nous saura gré de ne pas résister au désir de citer ici quelques lignes de
Thérésa Manin, digne femme du libérateur de Venise, qui raconte à une amie l'histoire de ces jours agités : « J'avais beaucoup souffert avant ce jour, car je savais
parfaitement à quels dangers s'exposait mon mari ; mais jamais je ne lui ai dit :
« Arrête-toi. » ..... Mais mon anxiété et ma terreur furent au comble quand il vint
m'annoncer que peut-être Venise serait bombardée dans la journée, quand je le
vis écrire aux divers consuls pour protester contre cette mesure, et que je l'en-
tendis appeler Georges et lui dire : « Viens avec moi à l'Arsenal! » Ce que j'ai
souffert dans ce moment, vous pouvez l'imaginer beaucoup mieux que je ne sau-
rais le décrire. Je crois que peu de femmes se seraient conduites alors comme je
l'ai fait. *Je ne voulus pas même embrasser mon mari ni mon fils pour ne pas
m'attendrir davantage.* Quelles heures que celles de onze à cinq heures! J'étais
certaine que si l'un de mes bien-aimés était tué, l'autre ne voudrait pas survivre.
Enfin sur les cinq heures les cris d'une grande foule qui s'avançait vers ma maison
vint délivrer mon âme de ses angoisses. Dès ce moment je fus sûre du succès, et je
m'écriai à mon tour : *Vive Saint Marc! Vive la république!* Car je savais que mon
mari devait proclamer la république sur la place Saint-Marc. Pour la seconde fois
depuis cinq jours je vis mon mari ramené comme en triomphe à la maison. Deux
fois en cinq jours, c'était trop pour mes forces! Pourtant je me contins dans ma
joie comme j'avais fait dans ma douleur. J'embrassai mon mari comme le libérateur, le premier entre tous de ma patrie; j'embrassai mon fils qui, à seize ans,
avait montré le courage et le sang-froid de l'âge mûr, et en moi-même je me glo-
rifiais des deux » (*Documents et pièces authentiques laissées par Daniel Manin.*)

ment où elle fut livrée aux Autrichiens. Puis il comptait, il devait compter, au jour venu, sur l'appui de la république française de 1848, jalouse sans doute d'effacer la page écrite par sa devancière de 1797. On sait, hélas! qu'il ne put pas même en obtenir d'être diplomatique-ment reconnu. La cause de Venise, confondue alors injustement, mais fatalement, dans la cause de la révolution européenne, fut sacrifiée avec elle au besoin d'ordre et à l'effroi général.

Restait le roi Charles-Albert, qui tenait campagne en ce moment pour la délivrance de l'Italie. « Je viens à vous, disait-il dans sa proclamation, comme le frère vers le frère, l'ami vers l'ami. » — « Nous élevons un nouveau cri du fond de notre âme vers le Piémont et vers son roi, écrivait le 23 avril Manin, déjà écarté une première fois; au nom de l'Italie, de l'humanité, de la justice, nous demandons des secours immédiats!... » Mais il fut répondu « qu'un roi ne pouvait venir en aide à une république : » et comme on avait tout d'abord refusé de s'adresser à la France, par la raison « qu'un roi ne peut demander l'assistance d'une république, » il en résultait que, placé entre le secours qu'il ne voulait pas demander et le secours qu'il ne voulait pas donner, ce pauvre roi n'avait qu'à se faire battre, avec honneur peut-être pour le Piémont, mais sans profit aucun pour la cause italienne. Rien de plus pauvrement conduit que la politique piémontaise de ce temps, inspirée déjà par le plus audacieux égoïsme. Ce n'était nullement par fierté de prince que Charles-Albert répugnait à recourir au nouveau gouvernement de la France! Il savait que les hommes qui le composaient se seraient crus coupables de trahison en favorisant, de l'autre côté des Alpes, l'établissement d'un royaume unitaire au lieu d'une fédération d'États républicains. Toutes les dépêches publiées de Lamartine, de Cavaignac, de Jules Bastide, attestent une patriotique méfiance des projets du cabinet de Turin et un énergique parti pris contre l'unité monarchique de la Péninsule.

Votez l'annexion, et notre roi viendra vous défendre! disaient les nombreux agents *albertins*, introduits dans la ville. Manin trouvait que c'était faire du patriotisme comme les usuriers font de la philanthropie, mais ne voulant pas priver son pays de cette chance unique, peut-être, de salut, il se contenta de se retirer des affaires au moment où l'Assemblée appela les commissaires sardes. Cet intérim fut de courte durée : Charles-Albert battu à Santa-Lucia, à Custozza, reçu à coups de fusil par les Milanais, n'était plus un protecteur qui eût le droit de faire ses conditions.

De ce jour Manin exerça dans la ville assiégée la dictature incontestée du plus grand cœur et du plus grand esprit. Il était doge, il était roi, il était le peuple lui-même, il était la république en péril et qui ne voulait pas se rendre ! Au plafond de la belle salle du *maggior consiglio*, où se réunissait l'assemblée des représentants, Véronèse a peint le triomphe de Venise couronnée par la Gloire, par l'Honneur et par la Liberté. Manin aimait la liberté, n'était pas insensible à la gloire, mais c'est de l'honneur surtout, de l'honneur de sa ville natale qu'il était fièrement et passionnément épris. *La vita sta in man di Dio, l'onore in man nostre !* La vie est dans les mains de Dieu, l'honneur est dans les nôtres ! se plaisait-il à répéter. L'émeute de la faim, une mutinerie de soldats mal payés menaçait-elle la cité, Manin y courait et apaisait les plus furieux en s'écriant : « Sauvons l'honneur de notre malheureuse cité ! conservons l'honneur immaculé de cette Venise admirée du monde entier par la conduite que vous avez tenue jusqu'à ce jour... Qu'un jour, un seul jour Venise cesse d'être digne d'elle-même, et tout ce qu'elle aura fait sera mis en oubli, sera perdu [1] »

Une autre fois, il apprend que le curé de la paroisse des *frari*, digne prêtre qui a voulu rester presque seul à son poste dans le quartier le plus ravagé par l'artillerie des assiégeants, se prépare à célébrer la fête de saint Roch et désirerait que l'autorité pût s'y rendre comme d'habitude. Manin y va ; en route un boulet emporte la hache de sa gondole, les rameurs font mine de vouloir retourner : En avant ! dit Manin, ce serait une lâcheté ! Le curé nous attend pour demander

[1] Documents et pièces authentiques laissées par Daniel Manin, président de la république de Venise, traduits et annotés par F. Planat de la Faye. Paris, 1860.

à Dieu avec nous le salut de notre malheureuse Venise ! — Et la gondole arriva au pied de la vieille église où tant de doges, de sénateurs,
de généraux sont couchés autour du monument de Canova, et la
messe fut dite au fracas des détonations par le brave curé, qui trem-
blait cette fois, mais pour l'hôte illustre et précieux qui était venu à
son invitation.

Lorsqu'enfin il fut avéré qu'aucun secours ne pouvait être attendu
de nulle part, et que l'héroïque Venise devait tomber comme le gladia-
teur de Rome païenne sans qu'un pouce fût levé pour sauver sa vie ;
lorsque le choléra fut venu s'abattre à son tour sur la malheureuse
cité déjà décimée par le bombardement et la famine, lorsque Manin
au désespoir put écrire : « *Vivres, poudre, argent, espoir, tout est
épuisé le même jour !* » Alors il fallut bien se résigner à négocier,
c'est-à-dire, hélas! à subir les conditions du vainqueur. Les adieux
de Manin à la garde civique, qu'on nous a conservés et qu'il faut lire
en entier dans le recueil de M. Planat de la Faye, rendent le son su-
blime d'une grande âme toute vibrante d'honneur, mais brisée par
le désespoir : « Pendant notre révolution, depuis bientôt dix-sept
mois nous avons maintenu pur le nom de cette Venise, méprisée au-
trefois, aujourd'hui vénérée par nos amis et par nos ennemis mêmes...
De grands malheurs peuvent survenir; ils sont peut-être immi-
nents... mais dût-il être au-dessus de nos forces de les écarter, ce
qui sera toujours en notre pouvoir, c'est de maintenir intact l'honneur de notre ville !... Je viens donc demander franchement à la
garde civique : A-t-elle pleine confiance dans ma loyauté? (*Oui ! oui !*
Acclamations enthousiastes et prolongées.) Un jour peut-être vous
pourrez dire : *Cet homme s'est trompé*, mais jamais vous ne direz :
Cet homme nous a trompés... (Jamais ! jamais!) Jamais je n'ai trompé
personne, jamais je n'ai tâché de faire naître des illusions que je ne
partageais pas, jamais je n'ai dit : *Espérez*, lorsque je n'espérais
plus... »

Ici, dit le biographe, les sanglots étouffent la voix de l'orateur ;
vaincu par la douleur, il s'est laissé tomber à terre; pleurant à
chaudes larmes et frappant le plancher de ses poings, il s'écriait :

Avec un tel peuple, être forcé de céder ! *Con tale popolo, bisogna cedere !!*

Que faut-il de plus pour faire connaître ce chef honnête d'une révolution légitime ? Voici ce qu'il écrivait en réponse à ceux qui répétaient dans l'exil que l'insuccès du mouvement italien de 1848 devait être attribué à trop de modération et de générosité de la part des chefs : « Quand même, ce que je ne crois pas, on eût pu vaincre par des moyens que le sens moral réprouve, *la victoire eût été achetée trop cher. Elle n'eût été ni vraiment utile ni d'un effet durable. Des moyens que le sens moral réprouve, lors même que matériellement ils seraient utiles, tuent moralement. Aucune victoire ne mérite d'être mise en balance avec le mépris de soi-même.* »

Et c'est cet homme digne de Plutarque qu'on accuserait d'être un révolutionnaire ! Et ce sont ceux qui gouvernent les hommes avec de tels principes qu'on envoie mourir dans l'exil !

Ah ! souhaitons que le premier acte de Venise libre soit de venir nous demander à Paris pour les rapporter à Saint-Marc les dépouilles de ce vrai grand citoyen, de celui qui a conquis pour elle plus que la puissance, plus que la gloire, plus que l'indépendance même, je veux dire l'admiration du monde.

En 1859 aussi, Venise fut appelée par nous à l'indépendance, et pour la troisième fois son attente devait être vaine. On se rappelle la proclamation impériale annonçant que l'Italie allait être libre des Alpes à l'Adriatique ; on se rappelle aussi comment notre marche victorieuse dut s'arrêter au Mincio. Depuis, la glorieuse cité n'a cessé ni de souffrir ni d'espérer en nous. Il était temps que sa confiance fût justifiée. Cette fois, ce ne sera ni à son propre héroïsme, comme en 1848, ni aux armes impuissantes sur terre et sur mer du royal fils de Charles-Albert qu'elle devra sa délivrance, mais à la France, providentiellement appelée par l'Autriche. Vendue en 1797, exploitée de 1806 à 1814, sacrifiée en 1848, laissée de côté en 1859, je demande s'il existe en Europe une cause envers laquelle notre pays doive se sentir à la fois plus coupable et plus obligé ?

IV

Que va-t-il arriver de Venise affranchie? Sera-t-elle rendue à elle-même ou livrée, comme Florence et Naples, au royaume d'Italie? Remarquons d'abord que du moment qu'elle cesse d'être allemande pour redevenir italienne, on peut dire que le plus difficile est fait et l'essentiel obtenu. Nous voudrions cependant plus que le difficile et plus que l'essentiel, nous voudrions le vrai et le juste. La justice serait que Venise fût remise par la France dans le même état de liberté dont elle jouissait au moment où son indépendance lui fut ravie. La vérité serait qu'elle pût recommencer à vivre de la vie propre qu'elle avait perdue en 1797 et retrouvée en 1848.

Mais la vérité ni la justice ne sont malheureusement pas de la politique, et contre elles s'accumulent les objections des hommes qui se piquent d'être pratiques.

Venise, disent-ils, ne saurait subsister sans ses anciennes possessions de terre ferme. La mer, qui ne lui suffisait plus depuis la découverte du passage par le cap de Bonne-Espérance, lui suffirait bien moins encore depuis que Trieste, tête des chemins de fer de l'Allemagne, a vu affluer dans sa rade presque toute la navigation de l'Adriatique. D'ailleurs, à une puissance maritime il faudrait des colonies, et à qui les prendre? Les îles Ioniennes elles-mêmes, cet archipel de l'ancienne Venise, ont été données par les traités de 1815 à l'Angleterre et redonnées par l'Angleterre à la Grèce, un autre peuple historique aussi qu'on a la plus grande peine à rappeler à la vie. Si la succession, tant de fois annoncée des Ottomans était ouverte, on pourrait peut-être rechercher en Morée, dans le Bosphore et jusque dans Constantinople la trace des exploits de Dandolo, mais le moment ne semble ni venu ni près de venir. Restent donc les villes italiennes qui ont formé si longtemps la riche dot de la fiancée de l'Adriatique. Il s'agit de savoir si Padoue, Vicence, Vérone, Trévise, Rovigo, préféreraient revenir à leur antique métropole que se réunir au royaume d'Italie. Eh bien ! de l'avis de tous ceux qui se donnent la peine d'étudier l'Italie chez les Italiens, cette question, déjà douteuse en 1848, n'est même plus une question.

Le rêve de l'unité, né d'abord de la seule peur d'un retour offensif de l'Autriche, a fini par pénétrer l'imagination de ce peuple que l'imagination a toujours maîtrisé. On voulait être fort pour rester indépendant ; on veut l'être aujourd'hui pour devenir une sixième grande puissance, en supposant toutefois que la place de l'Autriche ne soit pas définitivement à prendre. A moins donc d'un de ces coups de force majeure qui font parfois reculer la force des choses, à moins que la France ne dise résolûment *non* à l'orgueilleuse fantaisie d'un gouvernement qui lui doit son existence — et il n'est pas probable que le prince Napoléon se fût chargé de porter cette signification à son royal beau-père — vous pouvez tenir pour certain que l'unité italienne se fera.

Ainsi parlent les hommes pratiques, et je reconnais tout de suite que le sentiment public semble d'accord avec le leur. Remarquons seulement que, pour eux comme pour nous, tout revient à savoir en définitive ce que veut et ce que dira le gouvernement français. S'il laisse aller les choses, l'unité italienne est faite, cela saute aux yeux. S'il a le courage d'exiger non pas peut-être qu'on revienne purement et simplement aux stipulations de Villafranca, mais que la Péninsule forme une confédération d'au moins trois États indépendants, on doit affirmer que cette confédération se fera.

Or, c'est là, au fond, tout ce que désire l'opinion publique, et tout ce qu'exige l'intérêt de la France.

Qu'on ne nous parle pas des journaux et de leur parti pris en cette question ! Le temps est loin où la presse française était une puissance avec qui le gouvernement et l'Europe avaient à compter. Quinze années de régime discrétionnaire l'ont réduite à n'être plus, dans quelques mains habiles, qu'un moyen oblique d'administrer l'opinion des masses. Sauf trois ou quatre exceptions sans cesse menacées par le dernier avertissement, l'apparence même de l'indépendance n'existe plus pour elle. Aucune feuille française, chacun le sent, ne peut désirer, comme on nous le fait lire matin et soir, que la France ait désormais à vivre, à se déployer, à progresser entre une Allemagne nouvelle, remise aux mains des héritiers du grand Frédéric, et une Italie nouvelle aussi, livrée à un prince de l'astucieuse maison de Savoie. Non ! pas un Français ne peut ambitionner pour son pays cette diminution de puissance et cette augmentation de péril ! Pas un Français n'hésiterait à préférer la guerre la plus risquée à cette volontaire déchéance !

Et comment aussi se décider à prendre au sérieux le grave souci que se donnent nos journaux les plus répandus pour fixer et conquérir les vraies limites du royaume de Victor-Emmanuel ? Aujourd'hui la Vénétie, demain le Tyrol, l'Istrie, Trieste, et le tour du golfe Adriatique ; après demain, logiquement, Malte, la Corse et le comté de Nice. Que l'Italie ait des frontières naturelles, c'est une donnée géographique. Mais la France aussi a ses frontières naturelles, et nous avons mis des siècles à les atteindre ! Lisez plutôt le solide travail de M. Lavallée, vous apprendrez par quelle longue, intelligente et tenace volonté nos rois sont parvenus à donner à la France la configuration que nous lui voyons[1]. Et n'assure-t-on pas, de plus d'un côté, qu'un des ferments secrets de la guerre actuelle serait l'ambition qu'on

____

[1] *Les frontières naturelles de la France*, par M. Lavallée, ouvrage couronné par l'Académie française, 1 vol., chez Hetzel.

nous suppose d'arriver jusqu'à la barrière du Rhin ! Comment donc messieurs les subalpins de Paris et de Florence osent-ils bien ne nous laisser que six ans pour mener la nouvelle monarchie italienne à son plein et entier développement? Quoi, nous avons fait une grande guerre en 1859 pour offrir au Piémont la Lombardie; à ce riche cadeau il a pu depuis ajouter, sans notre agrément, les duchés, la Toscane, les Légations pontificales, l'Ombrie, le royaume de Naples, la Sicile; et vous n'êtes pas contents, et vous ne trouvez pas que ce soit assez de conquêtes en si peu de temps! Quoi! nous avons mis siècles sur siècles, nous, les fils de la *furia francese*, pour grouper autour de l'Ile-de-France ce tout compact qui est aujourd'hui l'empire français; quoi ! jusqu'à Louis XIII nous n'avons pas eu le Roussillon; quoi! jusqu'à Louis XIV nous avons su nous passer de l'Alsace et de la Franche-Comté; quoi! les fêtes de Nancy viennent de nous rappeler que la Lorraine n'est à nous que depuis cent ans; et vous parlez de tout mettre à feu et à sang, vous ne voulez laisser aucun repos à l'Europe tant que le roi Victor-Emmanuel, qui ne possédait, en 1859, qu'un petit coin de terre italienne au pied des Alpes, ne règnera pas sur tous les pays où le *si* résonne !

Prenez garde ! à courir si follement, on risque de se tuer en touchant le but! Voyez déjà que de faux pas ! A Naples, vous avez trouvé une population qui, par ses défauts comme par ses qualités, est assurément la plus italienne de toute l'Italie; eh bien! cette population vous a résisté, et, pour la réduire, vous avez dû avoir recours aux plus barbares extrémités de la guerre. Bien plus, au moment où vous vous vantiez d'avoir gagné tous les cœurs dans les Deux-Siciles, voilà M. de Bismark qui vous entraîne contre l'Autriche, et, pour prouver à l'Europe le dévouement de vos nouvelles provinces, vous n'avez rien trouvé de mieux que de livrer au marquis Gualterio, vieux conspirateur du vieux Piémont, le droit d'emprisonner et de déporter sans jugement vos fidèles sujets napolitains. Supposez que l'empereur Napoléon III dise demain : « Il y aura de nouveau un roi de Naples; il faut que le sud de l'Italie retrouve

son autonomie ! » Qu'arriverait-il ? Vous le savez bien ! toute la terre
de Naples et de Sicile deviendrait un volcan pour jeter à la mer
vos préfets et vos sbires!

A Rome, vous vous êtes heurtés au roc du Vatican, et les con-
sciences sont encore tout ébranlées de ce choc. Supposez que l'empereur des Français dise demain : « Il faut que le pape reste à Rome
et qu'il y reste souverain. Il faut que son territoire soit neutralisé
par l'Europe comme la Suisse, comme la Belgique, comme le détroit
des Dardanelles, et que la paix règne pour toujours dans ce sanc-
tuaire des croyances chrétiennes ! » Quel cri ne s'élèverait pas vers le
ciel ? Cri de confusion pour vos complots de religions soumises à la
police ; cri de reconnaissance des âmes trop longtemps troublées
dans leur foi !

La Prusse elle-même unit son exemple à nos conseils pour détourner
l'Italie de réaliser immédiatement l'unité complète de son territoire.
En prenant pour elle toute l'Allemagne du Nord jusqu'à la Baltique,
elle a soin de fixer à la ligne du Mein sa limite méridionale. Pour-
quoi? « Parce que, vient de répondre la *Gazette nationale* de Berlin,
organe de M. de Bismark, *nous ne pouvons méconnaître qu'il y a
deux Allemagnes, celle du Sud et celle du Nord.* Sans doute des
espérances patriotiques seront détruites si une ligne frontière est
tirée au milieu de l'Allemagne ; mais nous ne pouvons nous soustraire
à la nécessité des choses. Nous sommes obligés d'accepter les faits
tels qu'ils s'imposent. Nous préférons un gouvernement allemand
puissant, une véritable organisation politique dans une partie de
l'Allemagne, au désordre garanti et à la nullité du tout. »

N'est-ce pas là l'acte d'abandon des provinces italiennes du Sud
par Victor-Emmanuel, tout rédigé d'avance par la plume diploma-
tique du premier ministre de Berlin. Et cependant, ce sont, il faut
en convenir, d'arrogants vainqueurs que les vainqueurs de Sadowa!
Certes, nous ne serons jamais de ceux qui cherchent à faire sortir la
guerre de la guerre. Mais les esprits les plus froids ont peine à ne
pas se sentir provoqués quand ils voient les journaux allemands, an-

glais, italiens comparer la campagne très-habilement conduite des Prussiens contre l'Autriche à notre campagne de 1859 et célébrer l'amoindrissement de la France dans les foudroyants succès du fusil à aiguille. « *La France n'est plus la première nation militaire du continent... L'empereur Napoléon n'est plus le seul souverain qui puisse transporter en quelques jours son armée à de grandes distances et frapper de suite des coups décisifs...* » Voilà ce qu'il nous faut lire chaque jour dans les feuilles d'outre-Rhin et d'outre-Manche ; voilà les commentaires qui ont cours en Europe sur les victoires rapides et multipliées des Prussiens. De leur côté, les journaux italiens, qui n'ont jamais avoué que Magenta et Solferino soient des victoires françaises, exaltent l'heureux vainqueur de Sadowa et chanteraient volontiers, sur le passage du prince royal de Prusse : *Saül en a tué mille, mais David en a tué dix mille !*

Il est sûr que les Prussiens ont tué beaucoup plus d'Autrichiens que nous et en moins de temps. Seulement, c'est trop se presser que de prendre pour des victoires remportées sur l'armée française les victoires de M. de Bismark en Bohême. Cela nous rappelle trop les fanfaronades de ces Prussiens de 1806 qui osèrent tenter de barrer le passage à notre armée revenant d'Austerlitz. « Les Français, disaient-ils, n'ont eu à faire qu'aux Autrichiens et aux Russes, ils vont apprendre à connaître les élèves du grand Frédéric[1]. » Élèves en effet, et qui reçurent à Iéna la leçon dont ils avaient besoin !

Concluons : Si la cession et l'acceptation de la Vénétie doivent compter comme des actes sérieux ; s'ils ont été échangés entre deux souverains ayant plein droit de dire, l'un : *je donne*, et l'autre : *je reçois*; si l'enthousiasme patriotique de la France a répondu à la haute et généreuse confiance de l'Autriche, on doit admettre que depuis le 5 juillet dernier, la Vénétie est devenue une terre française. Tout ce qu'on a écrit contre ce brusque dénoûment de la question de Venise manque de portée. L'empereur d'Autriche a cédé

---

[1] Thiers, *Histoire du Consulat et de l'Empire*, vol. 7.

une province qui était bien à lui et toute à lui ; pas un soldat de
Victor-Emmanuel n'y était resté après Custozza, et il n'est pas in-
terdit de penser que sans cette cession qu'on juge caduque, Cialdini serait encore sur la rive droite du Pô, attendant, comme le
paysan de la fable, que le fleuve ait fini de couler pour risquer de
le traverser.

Nous comprenons mieux la mauvaise humeur des Italiens en
apprenant cette solution inattendue ; mais nous ne saurions en
être touché au point de leur donner satisfaction à nos dépens. Avant
tout, pas de mystification pour la France ! Avant tout, qu'on ne
puisse pas souffler d'un éclat de rire sur ses lampions du 5 juillet et
lui prouver qu'elle a eu tort de se réjouir de la paix revenue et de
la confiance accordée à son gouvernement ! Entre un échec pour
notre pays et un échec pour l'amour-propre du roi Victor-Emmanuel, nous demandons aux journaux du Palais-Royal la permis-
sion de faire un autre choix que le leur. Quant à la campagne
entreprise par le vainqueur de Castelfidardo après le départ des Autrichiens, nous n'avons rien à en dire, sinon que si le ridicule en
est pour lui, l'injure n'en est pas moins pour nous. Au lieu de venir
en aide à notre politique, l'Italie a tout osé, on le voit, pour l'entra-
ver et pour faire tourner à notre confusion la médiation que nous
avons acceptée. Elle nous doit trop, elle est trop rapprochée de nous
pour nous offrir jamais une sûre alliance. La Prusse, fausse grande
puissance comme elle, ayant besoin comme elle de gagner du territoire, et comme elle ne pouvant grandir qu'au dépens de l'Autriche,
la Prusse devait être sa seconde et naturelle alliée. L'intérêt français l'avait conduite en 1859 jusqu'au bord du Mincio ; l'ambition prussienne l'a conduite en 1866 jusqu'au bord de l'Adriatique. Plus tard ce sera le tour de la Russie de lui offrir une
part dans les dépouilles de l'Orient. Plus tard ce sera le tour de
l'Angleterre de l'aider à nous disputer la prédominance dans la Méditerranée.

Après Villafranca, il y avait deux raisons pour que la France ne consentît pas à l'unité italienne. Après Custozza et Sadowa, il y en a trois.

A l'intérêt français, opposé à une trop grande concentration de forces sur nos frontières des Alpes et de la Méditerranée, et à la parole française, engagée dans tant d'occasions qu'il est superflu de rappeler, s'ajoute l'intérêt de la France sur les frontières du Rhin. Qu'importe que la guerre de 1866 nous vaille peut-être deux ou trois cantons, si elle attribue deux ou trois royaumes à des voisins, dont les uns se sont ébranlés en invoquant les souvenirs de 1813, et dont les autres, comblés de nos bienfaits, se personnifient encore dans trois noms, Ricasoli, l'auteur de la motion contre Rome, Garibaldi, l'adversaire de nos soldats, Cialdini, l'envahisseur des Marches, le promeneur militaire de la Vénétie ? Si nous ne pouvons pas empêcher ces deux grosses agglomérations qui se forment, s'établissent et s'étalent à nos portes, gémissons de notre impuissance. Mais si nous tenons leur sort dans nos mains, si leur naissance dépend d'un mot de nos lèvres, allons-nous donc ouvrir ces mains et ces lèvres pour créer nous-mêmes à la France ces deux embarras permanents ? Nul ne peut sans insulte attribuer au gouvernement français de tels desseins, et il faut bénir l'événement qui lui permet de servir à la fois l'intérêt national et la justice, en rendant Venise à l'Italie, à condition de renoncer à l'unité, en lui offrant une admirable réalité à échanger contre un rêve.

L'occasion est donc propice, nous le croyons, pour retirer notre main de l'œuvre antifrançaise qui se poursuit de l'autre côté des Alpes. En remettant Venise entre les mains de l'empereur des Français, l'empereur d'Autriche lui remet, pour la seconde fois depuis six ans, les destinées de l'Italie. Villafranca est dépassé, soit ! Mais ce qu'il en reste, ce qui ne peut pas ne pas en rester, c'est que les deux empereurs s'étaient entendus ce jour-là pour déclarer que l'Italie devait être une Confédération. Tout ce qui s'est accompli depuis s'est accompli, on l'a vu, en dépit de cette affirmation solennelle, en dépit de nos protestations diplomatiques, en dépit même du rappel de notre ambassadeur. Nous prononcer aujourd'hui pour l'unité, au moment où nous voilà de nouveau maîtres absolus de la situation, ce serait dire de deux choses l'une : ou bien que sur cette grande et vieille question d'Italie, notre avis de 1866 se trouve diamétralement opposé à notre avis de 1859 ; ou bien que nous n'étions pas sincères à cette époque en prenant nos précautions publiques contre l'établissement d'un seul trône dans la Péninsule. En un mot, pour achever aujourd'hui de nos mains l'œuvre de l'unité italienne manquée par les Italiens, il faudrait ou nous démentir ou nous démasquer. Deux suppositions, hâtons-nous de le dire, non moins injurieuses l'une que l'autre ! La politique d'un pays comme la France est à la fois trop sérieuse pour se contredire et trop loyale pour se déguiser. Il est temps seulement qu'elle parle à l'Europe comme elle a parlé sans doute depuis six ans au cabinet de Florence, et que dans ce terrible conflit de l'Italie à constituer, elle ait l'honneur du dernier mot comme elle a eu la témérité du premier.

25 juillet 1866.

PARIS — IMP. SIMON RAÇON ET COMP., RUE D'ERFURTH, 1.